Herstellung: Books on Demand GmbH

ISBN 3-8311-2687-9

Cover by Fehres Art Direction & Design, Frankfurt / M.
© Burkhard Lahr 2001

Burkhard Lahr

Das Projekt Bewerbung

Ein praktischer Ratgeber für Bewerber

Mit Beispielen von Berufsbildern aus der
Tourismusbranche, abgeleitet vom
Berufsbild des Reiseverkehrskaufmanns

INHALTSVERZEICHNIS

Vorwort

Der Prozeß der Bewerbung -zum Zwecke des Wechsels hin zu einer neuen Aufgabe oder Position, aber auch für Berufseinsteiger- erfordert mittlerweile Projektmanagement im wahrsten Sinne des Wortes.

Anforderungen müssen mit Qualifikationen abgeglichen werden, Bewerber- mit Firmenkulturen in Einklang gebracht und Spezialisten zur richtigen Zeit an den richtigen Platz gebracht werden. In einer Zeit des rasanten Wandels bedeutet dies für beide Seiten -Bewerber und Unternehmen- in kurzer Zeit und effizient die richtige Wahl zu treffen.

Damit Sie Ihr Projekt Bewerbung professionell gestalten können und um Ihnen die verschiedenen Schritte zu einer erfolgreichen Bewerbung vorzustellen, soll Ihnen der erste Teil dieses Buch eine konkrete Hilfstellung bieten.

Der touristische Arbeitsmarkt boomt. Nicht nur, weil durch den Einsatz neuer Medien ständig neue Arbeitsfelder entstehen, sondern, weil vor allem eine augenscheinlich nicht zu befriedigende Nachfrage an hochqualifiziertem Personal in den klassischen Berufsbildern besteht, die sich mehr oder weniger direkt von dem des „Reiseverkehrskaufmanns" ableiten lassen.

Einige interessante Berufsbilder der Branche sind deshalb im zweiten Teil des Buches beschrieben. Praktiker beschreiben ihre Aufgabengebiete und sagen Ihnen, worauf es ankommt.

Der dritte Teil widmet sich der Definition einiger ausgewählter Anforderungskriterien, sogenannter Softskills, wie Sie sie heute in den meisten Stellenanzeigen vorfinden.

Um der immer populärer werdenden neuen Form der Bewerbungen Rechnung zu tragen, listet der vierte Teil eine Auswahl von Online-Jobbörsen für die Tourismusbranche auf.

Das Buch erhebt selbstverständlich nicht den Anspruch auf Vollständigkeit aber, wenn Sie einige der angebotenen Tips in Ihre Überlegungen einbeziehen, sollten Sie in der Lage sein, Ihr Projekt Bewerbung zu einem erfolgreichen Abschluß zu bringen.

Noch ein Hinweis an alle weiblichen Leser: da viele der Jobtitel im Tourismus aus dem Englischen stammen und sich oft nicht in sowohl weiblicher als auch männlicher Form darstellen lassen, habe ich mich für eine einheitliche Schreibweise in männlicher Form entschieden, um das Lesen des Textes zu erleichtern. Vielen Dank für Ihr Verständnis.

Teil 1

Das Projekt Bewerbung

Die Vorbereitung

Wie bei jedem Projekt sollte auch am Anfang Ihres Be-
werbungsprojektes die sorgfältige Analyse Ihrer momen-
tanen Situation stehen.

Überprüfen Sie Ihre Voraussetzungen für einen Wechsel: Ausbildung, bisheriger Werdegang, wo liegen Ihre
besonderen Stärken, was sind Ihre Vorlieben und welche Ziele wollen Sie mittelfristig bis langfristig erreichen.
Stellen Sie sich aber auch kritisch Ihren Schwächen
(„Wo habe ich Nachholbedarf?") und vergessen Sie Ihr
privates Umfeld nicht. Verschaffen Sie sich z.B. anhand
Ihrer Zeugnisse ein Bild darüber, wie andere Sie bislang
gesehen und eingeschätzt haben.

„Where do you want to go today?"

Mit dieser „persönlichen" Information ausgestattet sollten
Sie sich Gedanken darüber machen, wo Sie sich bei
Ihrem nächsten Schritt sehen. Sondieren Sie den Markt
in Ihrem Umfeld, überprüfen Sie, wie viele passende
Angebote ausgeschrieben werden, wie das ideale Un-
ternehmen aussehen sollte und wie hoch die Zahl Ihrer
Mitbewerber sein könnte.

Haben Sie sich auch hier ein klares Bild verschafft, müssen Sie noch die richtige Auswahl der Medien treffen, in
denen Sie für Ihre neue Position recherchieren wollen.
Fachzeitungen bieten Ihnen in der Regel eine große
Auswahl an branchenbezogenen Angeboten.

Schauen Sie unbedingt in den Stellenteil regionaler
Tageszeitungen. Hier sehen Sie sich meistens einer
kleineren Anzahl von Mitbewerbern gegenüber, da diese
Zeitungen von einem räumlich begrenzten Kreis von
Suchenden gelesen werden.

Haben Sie sich dafür entschieden auch einen Ortswechsel für den richtigen Job in Kauf zu nehmen, sollten Sie
überregionale Zeitungen in Ihre Recherche einbeziehen.

Die Anzeige

Nachdem Sie Angebote ausfindig gemacht haben, die Ihren Kenntnissen und Neigungen entsprechen und Ihnen die gewünschte Herausforderung bieten, geht Ihr Projekt in die nächste entscheidende Phase: Auswertung der Anzeigen und das Verfassen eines Anschreibens.

In der Regel versuchen Unternehmen in Stellenanzeigen ein relativ exaktes Abbild Ihrer Anforderungen wiederzugeben.
Aus Platz- und Kostengründen finden Sie in den Anzeigen allerdings meistens nur eine Zusammenfassung der wirklich wichtigen Kriterien. Als Faustregel sollten Sie sich merken: Entspricht Ihre Qualifikation ungefähr 80-90% der Anforderungen, lohnt sich eine Bewerbung für Sie! Bleiben Sie wesentlich darunter, sollten Sie sich die Mühe sparen um Enttäuschungen zu vermeiden.

Zusatzinfos

In vielen Inseraten finden Sie bereits eine Telefonnummer, bei der Sie sich zusätzliche Informationen zur Ausschreibung einholen können und erste Fragen für beide Seiten abgeklärt werden können. In diesen Fällen sollten Sie die Gelegenheit unbedingt nutzen. Ein interessantes Telefonat sensibilisiert den Gesprächspartner auf den Eingang Ihrer Bewerbung. Außerdem erhalten Sie durch den Hinweis auf die Telefonnummer schon den Namen des Adressaten für die personalisierte Bewerbung.

Den richtigen Ansprechpartner ausfindig zu machen, kann sich -besonders in großen Unternehmen- als äußerst schwierig darstellen.

Auch wenn es hier durchaus Ausnahmen geben kann:
Rufen Sie nicht an, wenn die Anzeige ausdrücklich nach
einer schriftlichen Bewerbung verlangt und keine Telefonnummer angegeben ist!

Wenn Sie diesen ersten Kontakt erfolgreich hinter sich
gebracht haben, sollten Sie sich weitere Informationen
(Imagebroschüren, Veröffentlichungen, Presseberichte,
Geschäftsberichte) zum Unternehmen beschaffen, um
sich gezielt auf Ihr Anschreiben und spätere Gespräche
vorzubereiten.

Das Anschreiben

Eine der wichtigsten „Projektphasen" ist das Anschreiben. Dies ist Ihr Hauptverkaufsinstrument in eigener Sache. Neben eindeutigen formalen Strukturen muss das Anschreiben die Ergebnisse Ihrer vorangegangenen Recherche beinhalten.

Nehmen Sie sich ausreichend Zeit und verwenden Sie große Sorgfalt in der Erstellung, denn Personalentscheider beginnen bei dieser ersten Seite Ihrer Mappe bereits mit dem Aussieben.

Ihr Auftritt entscheidet

Grundsätzlich sollten Sie keine Kosten scheuen und hochwertiges Papier verwenden, gegebenenfalls mit Wasserzeichen, wenn dies Ihrem Stil entspricht.
Bedenken Sie bitte hier schon, daß Sie das Papier kontinuierlich, also auch für die beigefügten Kopien, verwenden sollten.
Benutzen Sie einen Drucker mit einem klaren Druckbild und lassen Sie die ausgedruckten Seiten (bei Tintenstrahldruckern) so lange trocknen, daß sie nicht verwischen.

Fehler vermeiden

Überprüfen Sie die Rechtschreibung gründlich. Vermeiden Sie Massendrucksachen. Hierbei schleichen sich leicht Kopierfehler ein und der Bezug zur aktuellen Ausschreibung geht oft verloren.

Übertreiben Sie weder bei der Beschreibung des Unternehmens noch bei Ihrer Selbstdarstellung. Versuchen Sie, sich auf eine Seite zu beschränken.

Erfahrungsgemäß nehmen sich Entscheider nicht mehr als eine halbe bis eine Minute für die Lektüre.

Und so sollten Sie das Anschreiben verfassen: Benutzen Sie die exakte Anschrift des Unternehmens, achten Sie auf die Gesellschaftsform. Adressieren Sie es persönlich, den richtigen Ansprechpartner haben Sie ja bereits in Ihrer Recherche ausfindig gemacht.

Nehmen Sie eindeutig Bezug auf den Anlass Ihrer Bewerbung und die Position sowie auf die Ausgabe des Mediums, in dem Sie die Annonce gelesen haben. Die Anrede wählen Sie förmlich. Strukturieren Sie den Textkörper in Einleitung, Ausführung und Schluss. Um Ihrem Anschreiben einen persönlichen Bezug zu geben, sollten Sie das bereits mit dem (Ansprechpartner) geführte Telefonat erwähnen und sich dafür bedanken. Weiterhin sollten Sie die Einleitung dazu nutzen, die Motivation für Ihre Bewerbung dazulegen.

In der Ausführung des Anschreibens sind Sie gefordert den Inhalten der Ausschreibung Leben einzuhauchen. Schildern Sie Ihre Qualifikationen und warum gerade Sie sich für die Position bewerben.
Nutzen Sie diesen Teil auch, um kritische Punkte eher vorteilhaft wirken zu lassen. Wenn Sie das geschafft haben wählen Sie eine gefällige und positive Schlußformel und vermeiden Sie dabei Konjunktive! Verabschieden Sie sich freundlich und versehen Sie das Schreiben mit Datum und Unterschrift.

Nicht vergessen

Überprüfen Sie, ob Sie alle angeforderten Angaben, z.B. zu Kündigungsfrist/Verfügbarkeit und Gehaltsvorstellungen gemacht haben. Am besten geben Sie Ihr derzeitiges Einkommen an, oder Sie zeigen sich flexibel. So legen Sie sich nicht gleich fest.

Der Lebenslauf

Der Lebenslauf ist neben dem Anschreiben mit der wichtigste Bestandteil Ihres Projektes. Erfahrungsgemäß nehmen sich die Entscheider für diesen Teil Ihrer Bewerbung die meiste Zeit, auch wenn diese selten mehr als 30 Sekunden bis zu einer Minute beträgt!
Sie sollten deshalb bei der Erstellung inhaltlich und gestalterisch höchste Vorsicht walten lassen, damit Sie die relevanten Informationen leicht erfaßbar machen.

Struktur und Layout

Personalentscheider denken häufig recht konservativ. Vermeiden Sie deshalb übereifrige Kreativität, sondern strukturieren Sie Ihr Dokument klar und übersichtlich.
Ihr Foto -ein Farbbild neueren Datums, auf dem man Sie auch wiedererkennen kann- platzieren Sie am besten in der oberen rechten Ecke mit gleichem Abstand zum oberen und rechten Rand.
Eine Alternative stellt auch ein Deckblatt mit Foto (mittig im oberen Drittel angebracht), Informationen zu Name und Anschrift sowie Angabe der Position, für die Sie sich bewerben, dar.

Am besten beginnen Sie den Lebenslauf mit den Informationen zu Ihrer Person: Name, Anschrift, Geburtsdatum und -ort sowie Ihre private Telefonnummer und, falls vorhanden Ihre private E-Mail Adresse (bitte nicht die vom Büro, Sie möchten sicherlich nicht, daß Ihre Wechselabsicht vorzeitig die Runde macht).
Lassen Sie dann die Informationen zu Schule und Ausbildungsstätte bzw. Hochschule folgen. Danach listen Sie die Stationen Ihrer beruflichen Laufbahn auf.

Achten Sie auf die Chronologie! Die amerikanische Form (beginnend mit der derzeitigen Tätigkeit) setzt sich immer mehr durch.
Benutzen Sie für die Darstellung der Zeiträume immer das Format TT.MM.JJ. Gehen Sie tabellarisch vor, für Prosa haben die wenigsten Entscheider Zeit. Führen Sie die Daten auf der linken Seite auf, die korrespondierenden Beschäftigungsangaben rechts. Lassen Sie ausreichend Rand auf der linken Seite, damit alle Angaben, trotz Heftmechanismus der Mappe noch gut lesbar sind.

Von großem Interesse sind selbstverständlich auch interne und externe Welterbildungsmaßnahmen, die Sie besucht haben.
In keinem Fall dürfen Ihre Sprachkenntnisse fehlen.
Angaben zum Führerschein müssen Sie hingegen nur dort machen, wo diese Information zur Besetzung der Stelle relevant ist.
Am Ende des Lebenslaufes können Sie Ihr außerberufliches Engagement (Sport, Interessen, Vereinstätigkeit, Gemeinnützigkeit...) erwähnen, um etwas von sich selbst zu zeigen.

Weglassen erlaubt

Bewerben Sie sich nicht als Berufseinsteiger, sollten Sie Ihre Schul- oder Abschlußnoten nur erwähnen, wenn Sie durchgängig gut sind oder eine kontinuierliche Verbesserung erkennbar ist. Schließlich möchten Sie sich Ihrem potentiellen Arbeitgeber möglichst positiv präsentieren.

Lücken füllen

Überprüfen Sie Ihren Lebenslauf sorgfältig auf Lücken. Wenn es nicht zu viele sind, können Sie diese immer mit Auslandsaufenthalten, längeren Fortbildungsmaßnahmen oder zeitweiser Selbständigkeit erklären. Aber, machen Sie sich darauf gefaßt, daß man Sie darauf anspricht und legen Sie sich rechtzeitig plausible Erklärungen bereit.

Denken Sie abschließend daran, für Anschreiben, Lebenslauf und die beigefügten Kopien (in der richtigen Abfolge Ihrer Aufzählung!) das gleiche Papier zu verwenden, um der vollständigen Bewerbung einen durchgängigen, einheitlichen Charakter zu verleihen.

Check-Liste

Nachdem Sie in den vorangegangenen Kapiteln ausführlich über die einzelnen Bewerbungsschritte gelesen haben, fassen wir hier für Sie die wichtigsten Punkte für eine erfolgreiche Bewerbung noch einmal zusammen.

Vorbereitung

☑ Analysieren Sie Ihre derzeitige Situation
☑ Überprüfen Sie Ihre Voraussetzungen für einen Wechsel
☑ (Ausbildung, Werdegang, Stärken, Schwächen, Vorlieben, Ziele, privates Umfeld)
☑ Wo sehen Sie sich beim Ihrem nächsten Schritt?
☑ Überprüfen Sie Medien und Angebote
☑ Treffen Sie die richtige Auswahl in Fachzeitungen, regionalen und überregionalen Tageszeitungen
☑ Kommt ein Ortswechsel für Sie in Frage?

Anzeige

- ☑ Entspricht das Angebot Ihren Kenntnissen und Neigungen?
- ☑ Entspricht Ihre Qualifikation ungefähr 80-90% der Anforderungen?
- ☑ Nutzen Sie die Gelegenheit der telefonischen Vorabinformation
- ☑ Nutzen Sie die gewonnene Information zur Personalisierung Ihrer Bewerbung
- ☑ Beschaffen Sie sich Zusatzinformationen
- ☑ (Imagebroschüren, Veröffentlichungen, Presseberichte, Geschäftsberichte)

Anschreiben

- ☑ Nehmen Sie sich Zeit, seien Sie sorgfältig
- ☑ Scheuen Sie keine Kosten, nutzen Sie hochwertiges Material
- ☑ Bewahren Sie Kontinuität und strukturieren Sie in Einleitung, Ausführung und Schluß
- ☑ Vermeiden Sie Massendrucksachen
- ☑ Beschränken Sie sich auf eine Seite
- ☑ Adressieren Sie Ihr Anschreiben persönlich
- ☑ Nehmen Sie Bezug auf den Anlaß der Bewerbung und auf das Medium
- ☑ Schildern Sie Ihre Qualifikation
- ☑ Überprüfen Sie, ob Sie alle geforderten Angaben gemacht haben

Lebenslauf

- ☑ Strukturieren Sie klar und übersichtlich
- ☑ Fügen Sie ein aktuelles Foto bei
- ☑ Beginnen Sie mit Informationen zu Ihrer Person
- ☑ Lassen Sie Informationen zu Schule und Ausbildung folgen
- ☑ Listen Sie Ihren beruflichen Werdegang auf
- ☑ Achten Sie auf Chronologie
- ☑ Führen Sie außerberufliche Weiterbildung und Aktivitäten auf
- ☑ Überprüfen Sie Ihre Angaben auf Lücken und legen Sie sich plausible Erklärungen bereit

Denken Sie daran: Benutzen Sie für Ihr Anschreiben, den Lebenslauf und die Zeugniskopien das gleiche Papier und verwenden Sie eine Mappe, in der Sie sich wiederfinden!

Wenn Sie alle Punkte in Ihr Projekt Bewerbung einbeziehen, sollten Sie problemlos die erste Hürde der Vorauswahl schaffen!

Das Bewerbungsgespräch

Sie haben es geschafft! Ihre Bewerbung ist gut ange-
kommen und Sie wurden zu einem ersten Vorstellungs-
gespräch eingeladen. Jetzt nur nicht die Nerven verlieren, denn der Ausgang eines Bewerbungsgespräches
muß nicht zufällig sein. Es liegt bei Ihnen, auch diese
Chance in einen Erfolg zu verwandeln.

Keine zweite Chance für einen ersten Eindruck

Schon bevor das eigentliche Gespräch beginnt können
Sie punkten. Überlegen Sie gut, wie Sie sich präsentieren, für den ersten Eindruck bleiben Ihnen weniger als
20 Sekunden.
Personalentscheider sind außerdem oft eher konservativ. Dementsprechend sollten Sie Auftreten und Kleidung
wählen. Aber bitte nicht verkleiden! Das klassische Business Outfit kommt immer gut an, lässige oder Freizeit-
kleidung dagegen nicht überall. Im Zweifelsfalle wählen
Sie von allem die etwas dezentere Gangart. Und, bitte
bei Make-Up und Parfüm nicht übertreiben. Machen Sie
sich einen kurzen Merksatz zu nutze: „Kleiden Sie sich
immer für die Position, die Sie gerne hätten, nicht für die
Position, die Sie gerade haben."

Das Gespräch

Geben Sie sich nicht zu selbstsicher. In der Annahme
sowieso alles richtig zu machen und in der Erinnerung
an vorherige Erfolge kann Ihnen leicht das Gefühl für
Selbstkritik abhanden kommen.

Bauen Sie während des gesamten Gesprächs ein per-
sönliches Verhältnis zu Ihrem Gesprächspartner auf,

versuchen Sie nach Möglichkeit nicht auf Distanz zu gehen. Nutzen Sie Ihr symphatischstes Lächeln und zeigen Sie sich nicht zu ernst. Den Blick hin und wieder durch den Raum schweifen zu lassen ist besser, als den Gesprächspartner ständig zu fixieren.

Bleiben Sie auch verbal auf der eher persönlichen Schiene. Nach einer allgemeinen Einführung sollten Sie konkrete Beispiele Ihrer bisherigen Erfahrungen und selbstverständlich Ihrer Erfolge folgen lassen.
Versuchen Sie dabei, sich klar und so beispielhaft wie möglich auszudrücken. Weitausgeholte und abstrakte oder unklare Formulierungen schaffen Distanz.
Behalten Sie immer auch die Absicht des Gesprächspartners im Auge. Der möchte schließlich herausfinden, ob Ihr bisheriger Werdegang zu den Anforderungen der zu besetzenden Stelle paßt.

Selbstverständlich sollen Sie sich nicht nur den Fragen des Interviewers stellen, sondern die Gelegenheit nutzen mehr über die Position und das Unternehmen zu erfahren.
Bereiten Sie sich Fragen zu Themen vor, über die Sie unbedingt mehr wissen müssen: wie stellt man sich den idealen Bewerber vor, was sind die Ziele des Unternehmens, der Abteilung. Mit welchen Schwierigkeiten und Herausforderungen müssen Sie rechnen. Wie sieht die Teamzusammensetzung aus.

Vermeiden Sie generell negative Aussagen und Äußerungen, auch wenn es im Zusammenhang schwerfällt. Argumentieren Sie positiv. Sollte Ihnen Ihr Gesprächspartner einmal eine Antwort schuldig bleiben, diskutieren Sie nicht. Keine Antwort ist auch eine Antwort.
Bleiben Sie immer der erfolgreiche, freundliche und verbindliche Gesprächspartner. Denken Sie stets daran, daß bei Bewerbungsgesprächen auf beiden Seiten mit Erfolg gehandelt wird.

Und das ist es schließlich, was Sie sich von dem Gespräch erhoffen: der erfolgreiche Bewerber zu sein!

Teil 2

Das Anforderungsprofil

Neben der reinen fachlichen Qualifikation haben die sogenannten „weichen" Faktoren in den letzten Jahren immer mehr an Bedeutung gewonnen.

Diese Faktoren, auch „Softskills" genannt, machen die Persönlichkeits- und Methodenkompetenz eines Bewerbers aus. Was hinter den am häufigsten benutzten Begriffen steht, möchte ich Ihnen näher bringen.

Durch kritische Selbstbeobachtung finden Sie leicht heraus, wo Ihre Stärken und Schwächen liegen und, wo Sie durch gezielte Maßnahmen (Seminare, Trainings) Defizite abbauen können.

Teamfähigkeit

Wenn im Team das bestmögliche Ergebnis für ein Unternehmen erzielt werden soll, müssen alle an einem Strang ziehen können.
Hierbei ist es unerläßlich, daß sich innerhalb der Gruppe alle unterstützen und voneinander profitieren. In der Regel kommt es dabei immer dazu, daß Einzelinteressen hinter denen der Gruppe zurückstehen müssen.
Chancen und Risiken sollten gleichmäßig auf die Gruppe verteilt sein, ohne jedoch die Bedürfnisse und Neigungen der einzelnen Mitglieder zu vernachlässigen.
Idealerweise werden offener Austausch und direkte Kommunikation praktiziert.
Menschen, denen es leichtfällt andere zu akzeptieren, zu respektieren und kooperativ zu sein sind eher für Teamarbeit geeignet als Menschen, die lieber Ihre eigenen Pläne verwirklicht sehen und das Lob für gute Arbeit lieber alleine einheimsen.

Kommunikationsfähigkeit

Hiermit ist die Fähigkeit sowohl der verbalen als auch der non-verbalen Kommunikation gemeint. Durch den Einsatz von Sprache und Gesten sollen nicht nur Inhalte transportiert und richtig „gelesen" werden, sondern den Gesprächspartnern auch Verständnis und Akzeptanz vermittelt werden.

Das Einsatzgebiet reicht vom Telefon über den Briefwechsel, vom persönlichen Gespräch bis hin zu Vorträgen oder Präsentationen. Basis für eine gute Kommunikation sind allerdings nicht nur Gesprächstechniken und Rhetorikkenntnisse, sondern selbstverständlich fundiertes Fachwissen und Überzeugungsstärke.

Tip: das Lesen verschiedenartigster Publikationen erweitert den Wortschatz. Für Fortgeschrittene und die, die es werden wollen: viele lokale Veranstalter (z.B. VHS) bieten hierzu Seminarreihen an.

Belastbarkeit

Das soll nicht etwa bedeuten, daß Sie ständig durcharbeiten müssen und zusätzlich sämtliche Aufgaben von Vorgesetzten und Kollegen miterledigen sollen.
Gemeint ist hier, daß Sie nicht nur geistig sondern auch köperlich die Menge und Qualität Ihrer Arbeit auf einem gleichbleibenden Level mit gleichbleibend gutem Ergebnis bewältigen. Motivation, Produktivität und Selbstdisziplin sollten Ihnen auch unter großem Zeitdruck nicht verloren gehen.
Grundvoraussetzungen hierfür sind eine organisierte und konzentrierte Arbeitsweise und gutes Zeitmanagement.
Um Krankheiten durch schlecht bewältigten Streß oder Mißerfolg zu vermeiden, hilft eine gute körperliche Kon-

dition, die Sie leicht durch eine angehme (evtl. sportliche) Freizeitgestaltung erlangen können.
Positiv: durch wachsende Erfahrung und Routine wird das Handling selbst spezieller Aufgabenstellungen leichter und läßt so die Belastung sinken.

Soziale Kompetenz

Die beweisen Sie vor allem, wenn es um die Lösung von Problemen oder Konflikten geht. Eingeschlossen werden hierbei auch andere Softskills, wie zum Beispiel Teamfähigkeit und Kommunikationsfähigkeit.
Zeigen Sie soziale Kompetenz durch Feinfühligkeit gegenüber Mitarbeitern und Partnern. Bedenken Sie, daß interne und externe Vertrauensverhältnisse nicht unnötig durch Indiskretion belastet werden und Sie allen immer das gleiche Maß an Respekt und Wertschätzung entgegenbringen und Ihr Gegenüber auch in persönlichen Dingen ernst nehmen.

Flexibilität

Ist eine Eigenschaft, die sich in der Regel schon in Ihrem Lebenslauf bemerkbar macht. So zum Beispiel daran, ob Sie während Ihrer Ausbildung oder während des Studiums bereits in verschiedenen Tätigkeitsbereichen Erfahrungen gesammelt haben, oder beispielsweise einige Zeit im Ausland verbracht haben.
Achtung: nach der Ausbildung sollten Sie allerdings „Job-Hopping" vermeiden!
Flexibilität kann sich auf verschiedene Arbeitssituationen erstrecken. Geographisch gesehen könnte dies etwa bedeuten, daß Sie für Ihren Arbeitgeber auch außerhalb des Unternehmenssitzes oder Wohnortes tätig werden, etwa überregional oder gar im Ausland.

Zeitlich kann es durchaus bedeuten, daß Sie Ihre Arbeitszeit über die übliche Grenze hinaus zur Verfügung stellen müssen. Z.B. bei Projekten, außerhalb der Kernarbeitszeit, an Wochenenden und Feiertagen.
Für Ihre Arbeitsweise kann sich die Flexibilität in ständig wechselnden Aufgabenbereichen und Verantwortungsgebieten bemerkbar machen.
Hier zählen Anpassungsfähigkeit und der Wille ständig neue Herausforderungen anzunehmen

Risikobereitschaft

Wenn man von Ihnen erwartet, daß Sie ein Risiko eingehen sollen, ist damit nichts anderes gefordert als Ihre Entscheidungsfreude und Selbständigkeit.
Da bei derartigen Entscheidungen aber auch Konsequenzen und die mögliche Begrenzung eines Schadens berücksichtigt werden müssen, setzt die Risikobereitschaft jedoch Weitsicht und Organisationsfähigkeit voraus und setzt nicht allein auf Ihren Wagemut und Ihre Dynamik, liegt jedoch nahe bei Innovationsfähigkeit und Kreativität.

Methodenkompetenz

Die richtige Person zur richtigen Zeit am richtigen Ort.
Und dazu noch mit den richtigen Mitteln.
Das bedeutet letztendlich nichts anderes, als genau zu wissen, wann Sie den richtigen Mix aus Ihren Erfahrungen, Kenntnissen, Fertigkeiten und Fähigkeiten zur Erreichung des vorgegebenen Ziels einsetzen.
Selbstverständlich beruht dies zu einem großen Teil auf bereits erworbener Berufs- und Projekterfahrung und Ihrer Handlungskompetenz: konsequent durchdachte,

strukturierte, variable Methoden, um sich individuell und flexibel der Herausforderung stellen zu können.

Lernbereitschaft

Die heutige Arbeitswelt wird immer mehr von sich ständig ändernden Märkten, Innovationen und kürzeren Produktzyklen bestimmt. Die daraus resultierende Marktanpassung läßt bestehendes Know-how und gewohnte interne Abläufe an Bedeutung verlieren.
Um bestens vorbereitet auf immer neue Anforderungen reagieren zu können, ist einmal erworbenes Fachwissen längst nicht mehr ausreichend. Vielmehr erwartet man von den Mitarbeitern und ihren Fähigkeiten die kontinuierliche Anpassung an neue Gegebenheiten.
Die Mitarbeiter müssen Zeit und Arbeit in die ständige Weiterentwicklung investieren. Den Satz: „Das haben wir schon immer so gemacht!" erwartet man hier nicht von Ihnen, sondern die Investition von Zeit und Engagement in internen und externen (durchaus auch außerberuflichen) Fortbildungsmaßnahmen.

Kreativität

Nur durch Kreativität und Erfindergeist entstehen neue Methoden und Strategien. Neue Lösungsansätze, Vertriebswege und Abläufe modernisieren und steigern die Firmen-Effektivität. Mut zum Unkonventionellen und interaktive Praktiken verbessern Systematiken. Aber auch Querdenker müssen sich an Regeln halten und dürfen nicht das Ziel aus den Augen verlieren.

Es muß nicht immer nur die Not sein, die erfinderisch macht. Allein die Fähigkeit aus starren Denkmustern auszubrechen und den Mut zu Unkonventionellem zu haben bringt schon neue Ansätze für Lösungen, Abläufe und Wege, Methoden und (z. B. Vertriebs-) Strategien. Aber auch der Kreativste darf beim „Querdenken" nicht alle Regeln und vor allem das Ziel nicht aus dem Auge verlieren, will er zur Steigerung der Effektivität und Systematik erfolgreich beitragen.

Analytische Kompetenz

So nennt man die Fähigkeit, Probleme sachlich in ihrer Gesamtheit zu erfassen, in Teilabschnitte aufzuteilen und Lösungen dafür zu finden. Das Ziel dahinter sollte sein, Ordnung in scheinbar verworrene Zusammenhänge zu bringen. Am besten, indem man wichtige Sachverhalte von den unwichtigen trennt und klare Prioritäten setzt.
Ein gut ausgeprägtes Verständnis für logische Zusammenhänge sind ebenso Voraussetzung für analytisches Denkvermögen wie die Fähigkeit sich leicht mit „trockenem" Zahlen- und Statistikmaterial auseinanderzusetzen.

Organisationsfähigkeit

Um Unternehmensziele, Zeiträume, Abläufe und Termine organisieren zu können, sollte man bereits über die Fähigkeit zu einer guten Selbstorganisation verfügen. Nur so behalten Sie den Überblick und können Effizienz in Ihre eigene und die „Unternehmensarbeit" (Organisation, Planung und Ablaufkoordination) bringen.

Kritikfähigkeit

„Wer austeilt, muß auch einstecken können." An diesem Sprichwort ist viel Wahres. Allerdings sollte Kritik immer sachlich begründet sein, um die Möglichkeit einer Reflektion einzuräumen. Kritik dient der Entwicklung - der persönlichen und dem Fortschritt in Projekten. Auch wenn nicht jede Idee einen geeigneten Lösungsvorschlag bieten kann, sollte persönliche Kritik (zum Beispiel am Verhalten von Kollegen und Mitarbeitern) nur in einem persönlichen Gespräch ausgeübt werden. Vorschläge von außen und Einsprüche sollten überdacht und gegebenenfalls auch akzeptiert werden, denn „nobody is perfect".

Leistungsbereitschaft

Um kontinuierlich das beste Ergebnis in seiner Aufgabe zu erzielen, sollte die Bereitschaft sich auch voll und ganz dafür zu engagieren vorhanden sein. Dies setzt selbstverständlich voraus, daß man eine möglichst hohe Identifikation mit seinem Job erreicht. Spaß an der Arbeit und eine definierte eigenene Zielsetzung inklusive! Schließlich haben Sie bekanntermaßen nur drei Möglichkeiten: Sie lieben Ihren Job, Sie ändern Ihren Job oder, Sie suchen sich einen neuen. Überdenken Sie Ihre eigene Arbeitssituation, um festzustellen, ob die Voraussetzungen für Ihre Zufriedenheit vorhanden sind: Selbständigkeit, Motivation und Initiative sind nur einige der möglichen.

Unternehmerisches Denken und Handeln

Haben Sie die oben erwähnte Identifikation mit Ihrer Arbeit erreicht und sind darüber hinaus auch noch loyal Ihrer Firma gegenüber eingestellt, besitzen Sie bereits zwei wichtige Voraussetzungen für ein unternehmerisches Verhalten. Können Sie dann auch noch ein gutes Maß an wirtschaftlichem Wissen und die Fähigkeit Zu-

sammenhänge zu verstehen ins Feld führen, dann sollten Sie verantwortungsvoll -also „unternehmerisch"-
handeln können. Sie treffen Ihre Entscheidungen nicht
nur zum Wohl des Unternehmens und der Mitarbeiter,
sondern achten auf sinnvollen Einsatz von Ressourcen
und Kapital und ohne geschäftliche Beziehungen aufs
Spiel zu setzen.

Teil 3

Berufsbilder im Tourismus

Sie träumen von einem Job im Tourismus? Sie sind bereits in der Branche tätig und denken an Veränderung? Sehr gut!
Denn dann können Ihnen diese Beispiele helfen, Ihren Standort zu bestimmen, den Blick auf das Berufsfeld zu erweitern oder einfach Anregungen zu sammeln, welche weiteren Tätigkeiten für Sie in Frage kommen könnten.

Reiseverkehrskaufleute

„Der Klassiker bleibt Nummer 1"

"Reiseverkehrskaufleute arbeiten in der Fachrichtung Touristik in Reisebüros und bei Veranstaltern, in der Fachrichtung Kuren und Fremdenverkehr in Kurveraltungen, Fremdenverkehrsämtern und -vereinen", schreibt der Deutsche Reisebüro Verband (DRV) in seinen Informationen zur Berufsausbildung. Sie seien Mittler zwischen Kunden und Verkehrs- und Leistungsträgern.

Was staubtrocken klingt, ist jedoch "eine außerordentlich attraktive Angelegenheit", meint Eleonore Gutmacher, Personalmanagerin beim DRV.
Nach ihrer Auffassung hat der Beruf gerade im Zeitalter von Internet und Wellness-Boom sehr gute Chancen im Markt.

Verbände und IHK haben das Berufsbild deutlich modernisiert. Jeder Azubi geht nunmehr mit der gleichen zweijährigen Grundausbildung und einer Spezialisierung gemäß der gewählten Fachrichtung in den Berufsalltag.

Entsprechend gestiegen sind das Angebot und die Nachfrage für Ausbildungsplätze: 3.000 Reiseverkehrskaufleute begannen bislang im Schnitt pro Jahr die Ausbildung, 1999 waren es hochgerechnet fast 4.000.

"Im Hinblick auf die vielfältigen Ausbildungsmöglichkeiten im Tourismus ist das einer der wenigen Berufe, der im dualen System - also an Schulen und in Betrieben - ausgebildet wird und überall anerkannt ist", wirbt die DRV-Vertreterin.

Über 60 Prozent der Azubis hat das Abitur in der Tasche, das ist deutlich mehr als in anderen Berufen. Gleichzeitig handelt es sich - wie beim Besuch im nächsten Reisebüro zu erkennen ist - um eine Tätigkeit, die von Damen dominiert wird.
Mit 85 zu 15 Prozent bestimmen die Reiseverkehrskauffrauen das Geschehen. Das liegt jedoch keinesfalls an einer einseitigen Einstellungspolitik der Personalabteilungen und Reisebüroinhaber, sondern an der Nachfrage.

Für Reiseverkehrskaufleute stehen die Berufsaussichten gut - auch wenn Sie kein Abitur haben: Vor allem in Grossstädten und Ballungsgebieten herrscht oft Mangel. Qualifizierte Mitarbeiter werden dringend gebraucht und die wachsende Touristikbranche locke auch immer stärker Quereinsteiger an, so beschreiben Personalentscheider die Arbeitsmarktlage.

Wenn Sie bereits als Fachkraft ausgebildet sind, stehen Ihnen daher viele Möglichkeiten offen. Nicht nur im Reisebüro, sondern auch bei Reiseveranstaltern, bei Verkehrsträgern wie Flug- und Schifffahrtsgesellschaften, der Bahn, bei Busunternehmen und Autovermietern, bei Tourismusverbänden, im Fremdenverkehrsbereich, in Kur – und Bäderbetrieben, im Hotel- und Gaststättengewerbe, im Messe- und Kongresswesen und bei Reiseversicherungen können Sie Ihren Traumjob finden. Hinzu kommt der komplette Bereich Business Travel.

Gute START-/Amadeus-/Toma-, IATA-, DB- und PC-Kenntnisse, sowie ausgeprägte Teamorientierung und besonders eine hohe Dienstleistungsbereitschaft sind die Standardwerte in den Anforderungsprofilen der Stellenanzeigen. Darüber hinaus wachsen die geforderten Qualifikationen mit den ausgeschriebenen Positionen. Je höher diese angesiedelt sind, desto spezifischer werden die Kriterien.

Reiseverkehrskaufleute in der Touristik

„Von den Malediven bis zur Lüneburger Heide"

Wer die Wahl hat, hat die Qual. Laut dem Berufs-Chancen-Check des Verlages BW Bildung und Wissen stehen den Reiseverkehrskaufleuten mehr als 200 verschiedene Berufe offen. Haben Sie sich bereits für das Reisebüro entschieden, dann können Sie Ihre Tätigkeit in den Bereichen Touristik oder Geschäftsreisen (Business Travel) vertiefen.
Diese Möglichkeit haben Sie vor allem in den Niederlassungen grosser Reisebüroketten oder in regional marktführenden Einzelbüros.

In kleinen und mittelständischen Betrieben trifft man eine klare Trennung der Geschäftsbereiche kaum an - hier sind deshalb auch Allrounder gefragt, die sich in beiden Sparten zuhause fühlen.

Für den Touristiker ist es grundsätzlich notwendig, in Bezug auf touristische Supplier sattelfest zu sein. Dazu gehören Hotels genauso wie Veranstalter, Autovermieter, Kreuzfahrtanbieter, Airlines und die Deutsche Bahn. 10 bis 30 Veranstalter hat ein durchschnittliches Büro im Programm, jeder davon präsentiert seine Angebote zum Teil in Dutzenden Katalogen.

Bewerber sollten deshalb nicht nur über Erfahrungen in der Katalogarbeit - vor allem im Suchen nach speziellen Angeboten - mitbringen, sondern auch über gute Zielgebietskenntnisse verfügen, um den Kunden entsprechend beraten zu können.
Hinzu kommt der schnelle, routinierte Umgang mit den Computer-Reservierugs-Systemen (zum Beispiel START/Amadeus, Toma, Merlin, Sabre, Galileo usw). Er

ist die Grundlage für effektives Arbeiten - nicht nur mit Blick auf den Kunden (Vakanzabfrage), sondern auch für den Arbeitgeber und dessen Prozeßkosten.

Das A und O freilich ist die Fähigkeit, verkaufen zu können. Damit der Job nicht zur „Katalogausgabestelle" verkommt, gilt es, dem Kunden seine Wünsche und Vorstellungen zu entlocken, ihn richtig einzuschätzen und eventuelle Verkaufshindernisse zu überwinden. Haben Sie die richtigen Argumente parat und diverse Ersatzangebote im Hinterkopf? Besitzen Sie Erfahrungen darin, wie ein Ziel, ein Hotel oder auch eine ungewohnte Urlaubsart dem Kunden schmackhaft gemacht werden kann? Und wie schaffen Sie es letztendlich, den Kunden auch zum Buchen zu bewegen?

Was zu Ihren Stärken zählen sollte - der direkte Umgang mit dem Kunden - kann auch schwierig und anstrengend sein. Da sind neben einer hohen Dienstleistungsbereitschaft oftmals auch gute Nerven gefragt.

Auch darüber sollten sich Reiseverkehrskaufleute bewußt sein: ihr künftiger Chef könnte sie darüber befragen, welchen Mehrwert sie mit ihrer Arbeit dem Kunden im Vergleich zum Internet bieten, wie sie Laufkundschaft an sich binden und Stammkunden halten können.

Die Kundschaft bestimmt die klassischen Stosszeiten Ihres Arbeitstages: erfahrungsgemäß ist rund um die Mittagspause, nach Büroschluß bis 18.30 Uhr und samstags morgens besonders viel los.
Wer bei dem Gedanken an Samstagsarbeit schlucken muss, der kann sich vielleicht mit einem anderen Pluspunkt trösten: Während reine Firmendienste und speziell auch Implants oftmals in Stadtrandlagen, in Industriegebieten oder in Bürostädten angesiedelt sind, freuen sich die meisten Touristiker über die gute Innenstadtlage ihres Arbeitsplatzes.

Um Zielgebiets- und Produktkenntnisse zu fördern, werden von Suppliern, Verbänden und Organisationen häufig Schulungen, Seminare, Informationsabende und auch Inforeisen angeboten. In der Regel können Sie auch an solchen Veranstaltungen teilnehmen. In welchem Umfang – das hängt meistens von der Personalsitutaion oder von der Unternehmenspolitik ihres Reisebüros ab.

Reiseverkehrskaufleute im Firmendienst

„Give me a ticket for an aeroplane"

Während Sie als Touristker Ihren Kunden zu den „ schönsten Wochen" im Jahr verhelfen, organisieren Sie im Firmendienst die Geschäftsreisen Ihrer Auftraggeber. Sie buchen das geeignete Transportmittel (z.B. Flug, Auto, Bahn) und - je nach Art und Länge der Reise - eine Unterkunft, informieren über Pass-, Zoll und Impfvorschriften und arrangieren eventuell auch noch einen Besprechungs- oder Konferenzraum, ein Restaurant oder ein Rahmenprogramm.

Der Bereich „Business Travel" ist ein Wachstumsmarkt und trotz allgemeiner Internet-Euphorie verzichten nur wenige Unternehmen auf professionelle Hilfe durch Reisebüros.
Die Konsequenz: Mitarbeiter für Business Travel Center werden derzeit oft händeringend gesucht, die Gehälter sind in der Regel deutlich höher als in der Touristik.

Die besten Aussichten haben Sie bei internationalen Reisebüroketten. Deren Kunden sind oft Unternehmen mit grossen Reiseetats und internationaler Präsenz, die mitunter sogar über ein eigenes Implant betreut werden. Kleinere und vor allem unabhängige Reisebüros konzentrieren sich dagegen auf mittelständische Firmen innerhalb ihrer Region.

Dementsprechend vielfältig kann sich Ihr Arbeitsplatz im Firmendienst (Fidi) gestalten.

In einem kleinen Reisebüro beschaffen Sie Bahn- und Flugtickets für die gelegentlichen Geschäftsreisen Ihrer Kundschaft, während Sie im Business Travel Center oder im Implant einer grossen Reisebürokette telefonisch nonstop Aufträge der Unternehmen umsetzen.

Zentraler Firmendienst oder Implant ist dann auch eine Frage, zu der es unterschiedliche Meinungen gibt.
Im zentralen Firmendienst werden Sie in der Regel telefonischer Ansprechpartner für eine Reihe von verschiedenen Firmen sein. Das bringt Abwechslung mit sich, denn die Unternehmen haben nicht nur unterschiedliche Geschäftsreiseziele, sondern auch unterschiedliche Reiserichtlinien, die es zu beachten gilt.
Da muss man blitzschnell im Bilde sein, sich auf die jeweiligen Anforderungen der Firma einstellen können und die kundenspezifischen „Corporate Rates" bei Airlines, Hotels und Autovermietern im Auge behalten.

Viele Expedienten fühlen sich in den Fidi-Teams sehr wohl und sehen die geforderte Vielseitigkeit als interessante Herausforderung. Nicht zu unterschätzen ist auch, daß Jobs im Fidi Call Center als relativ konjunktursicher gelten.
Wenn mal ein Kunde zu einem anderen Reisebüro wechselt - was im heiss umkämpften Geschäftsreisemarkt durchaus passieren kann - gerät der Arbeitsplatz nur selten ins Wackeln.

Sorgen um den Arbeitsplatz braucht man sich aber auch in einem Implant nicht zu machen. Viele Grosskunden arbeiten mit einer Reisebürokette auf internationaler Ebene zusammen. „Da werden globale Verträge geschlossen, die Niederlassungen in vielen Ländern einbindet. Das bedeutet Sicherheit und Kontinuität für beide

Vertragspartner", sagt Sabine Bennert, Implantleiterin bei American Express.

Nach ihrer Meinung ist auch die räumliche Nähe - ein Implant-Reisebüro befindet sich fast immer direkt im Haus des Auftraggebers - von Vorteil: „Der Kontakt ist einfach persönlicher." Dadurch könne sich der Expedient besser auf sein Gegenüber einstellen und den Service optimieren.

„Schnell ist klar, wer mühelos Fachjargon versteht oder bei welchem Kunden man besser zweimmal nachfragt", berichtet Bennert aus ihren Erfahrungen.

Für welche Variante Sie sich auch entscheiden, in einem sind sich alle einig: Firmendienst ist ein Geschäft, in dem Schnelligkeit, exzellente CRS-Kenntnisse, ein guter Telefonauftritt und hohe Belastbarkeit gefordert sind. Da sich bei Geschäftsreisenden innerhalb von Minuten ganze Reispläne ändern können, gehören Stornierungen, Umbuchungen und nochmalige Änderungen zum Tagesgeschäft. Schichtdienst ist ebenfalls die Regel, da viele Firmen ihr Reisebüro von 8 bis 18 Uhr erreichen möchten. Samstagsarbeit ist dagegen die Ausnahme.

Zwischen den Stühlen fühlen sich Fidispezialisten dann, wenn ein Unternehmen die Verantwortung für das Umsetzen und Einhalten der Reiserichtlinien ausschließlich beim Reisebüro ansiedeln will.
Die Frage, wer ab wieviel Stunden im Flugzeug in welcher Klasse sitzen darf oder die Kontrolle, ob gesammelte Meilen nur zu Firmenzwecken wiedergenutzt wurden, hat schon viele Gemüter erhitzt.

Reiseverkehrskaufleute als Springer

„Heute hier, morgen da"

Montagmorgen in der Regionalleitung einer grossen
Reisebürokette: Per Telefon meldet eine Implantleiterin
dem Management, daß wegen Krankheit 2 von insge-
samt 3 Mitarbeitern ausfallen. Da sie als Solistin den
Betrieb unmöglich aufrecht erhalten kann, muss dringend Hilfe kommen. Mindestens für 3 Tage. Auch der
nächste Anrufer hat das gleiche Anliegen: unerwarteter
Personalausfall... Kann vielleicht aus der Zentrale je-
mand einspringen?

Was hier gestellt klingen mag, wird von der Realität
häufig noch übertroffen. Die Personalsituation ist in
vielen Büros gespannt. Oft bedarf es schon genauer
Planung, um den Normalbetrieb zu gewährleisten.
Schließlich hat nicht nur jeder das Recht auf Urlaub.
Auch durch die Teilnahme an Meetings, Produktschu-
lungen, Seminaren und Informationsreisen bleibt oft ein
Stuhl unbesetzt.

Kommt dann eine Grippewelle oder eine unerwartete
Kündigung, wird aus einer leichten Unterbesetzung
schnell ein schwerer Ausnahmezustand.
Dieses Problem kennen alle Reisebüros und besonders
Reisebüroketten mit vielen 2-3 Mann-Implants müssen
mit planbaren und nicht planbaren Engpässen kalkulie-
ren.
Als Lösung setzt man einen flexiblen Mitarbeiter, den
Springer, ein.

Wenn Sie sich dafür interessieren, sollten Sie sich zunächst die Frage stellen, ob Sie flexibel genug sind, um

mit einem ständig wechselnden Arbeitsplatz gut zurechtzukommen.

Wer eine gewohnte Umgebung, die vertraute Gemeinschaft der Kollegen und bekannte Arbeitsabläufe braucht, um sich so richtig wohl zu fühlen und effizient arbeiten zu können, ist hier nicht der richtige Kandidat.

Springer sein bedeutet, sich manchmal wöchentlich auf einen neuen Anfahrtsweg, eine neue Umgebung, ein neues Team und neue Aufgaben einzustellen.

Wer das Anforderungsprofil des Firmendienstlers erfüllt und zusätzlich enorme Flexibilität mitbringt, hat beste Aussichten auf einen spannenden Job, der nebenbei die Karrierechancen steigert.
Denn als Springer kann man in kurzer Zeit viele Facetten der Branche kennenlernen und reichlich Berufserfahrung sammeln.

„Firmendienstler, die sich nach der Ausbildung 1-2 Jahre als Springer bewährt haben, können bei uns beispielsweise Teamleiter werden", berichtet Horst Bähring von DER Business Travel.

Viele sehen die Springerzeit auch einfach als Chance, möglichst viele Büros und Arbeitsfelder innerhalb einer Kette kennenzulernen. Später weiss man dann genau, wie man sich den idealen Arbeitsplatz vorstellt.

Auch sonst macht sich die Flexibilität bezahlt: Zu dem Firmendienstgehalt gibt es eine Springerzulage und in der Regel auch ein Kilometergeld, wenn die Anfahrt zum wechselnden Arbeitsplatz ein vorher festgelegtes Limit übersteigt.

Meistens werden Springer in einer bestimmten Region eingesetzt, besonders im Rhein/Main-Gebiet, im Grossraum München und im Raum Köln/Düsseldorf. Wenn ein Springer überregional arbeitet, sorgt der Arbeitgeber auch für die Unterkunft.

Als Springer kann man nicht nur bei den bekannten Reisebüroketten, sondern auch bei spezialisierten Personalberatungen und Agenturen, wie beispielsweise *Concept+*[®] in Frankfurt am Main eine Festanstellung finden. Damit haben Sie den Vorteil, nicht nur die Büros eines Arbeitgebers, sondern auch verschiedener Reisebüroketten kennenzulernen.

Callcenter Agent Airline

„Guten Tag, mein Name ist Maja Muster, Nonstop Airline. Was kann ich für Sie tun?"

Bis zu 80mal am Tag meldet sich ein Call Center Agent so am Telefon. War es früher bei vielen Airlines Standard, durch dezentrale Reservierungen an jedem deutschen Zielflughafen Kundennähe zu zeigen, setzen sich jetzt aus Kostengründen immer stärker Zentralreservierungen oder Callcenter durch.

Lufthansa etwa plant eine zweite Zentrale in Berlin Schönefeld und die Service Line, die in Frankfurt u.a. Swissair, Sabena und die Tap Air Portugal vertritt, sucht neue Mitarbeiter.

Der Einstieg in diesen Job ist einfach, wenn Sie gut Deutsch und Englisch sprechen und ein solides Allgemeinwissen mitbringen.

Zwischen 6-12 Wochen dauert die Schulung, bei der Sie das Reservierungssystem, die Produkte der jeweiligen Fluggesellschaften und das Know-how des Telefonsales kennenlernen.
Am Anfang dürfen die „Neuen" meist bei erfahrenen Kollegen mithören. Ob Sie dann später Reisebüros oder Privatkunden betreuen - der Kontakt findet immer telefonisch statt.

„Es erfordert ein hohe Professionalität, Belastbarkeit und Servicebereitschaft, jedem Anrufer gerecht zu werden" berichtet Rubini Harikantha, Operations Manager bei Service Line.

Interessant wird das Callcenter durch ein internationales und multikulturelles Umfeld, flexible Arbeitszeiten und das Teilzeitangebot. Attraktiv ist auch die Möglichkeit, im Personalaustausch eine internationale Niederlassung kennenzulernen.

Viele Callcenter arbeiten im Schichtdienst sowie an Samstagen, Sonn- und Feiertagen.

Karrierechancen gibt es reichlich. Innerhalb des Callcenters können Sie vom Agent zum Senior Agent, Teamleader, Supervisor und Customer Service Manager aufsteigen. Und auch für andere Airlinejobs sitzen Sie in der richtigen Ausgangsposition.

Flugdisponent Charter Airline

„Troubleshooter und Vermittler"

„Nein, diese Fixplätze können nicht reduziert werden."
Dieser Satz ist typisch für den Charter-Flugdisponent. Er
verwaltet nicht nur Sitze, sondern ist gleichzeitig Verkäufer, Troubleshooter und Vermittler.

Darum geht's: Weit vor Saisonbeginn kaufen die Veran-
stalter ihre Plätze zu den gewünschten Destinationen.
Das Auslastungsrisiko trägt bei Fixplatzgeschäften der
Veranstalter - er muß die Kontingente absetzen.
Im Idealfall verkauft er erfolgreich, die Maschinen füllen
sich bis zum letzten Platz. Doch oft kommt es anders.
Durch Naturkatastrophen, politische Unruhen oder
Nachfrageschwankungen verkaufen sich manche Ziele
nicht gleich gut.

Die Veranstalter wollen diese Plätze reduzieren und
wenden sich an den Flugdisponenten. Er hat die knifflige
Aufgabe, eine für alle Seiten akzeptable Lösung zu
finden und Verluste für die eigene Gesellschaft und den
Veranstalter zu vermeiden.

Möglichkeiten gibt es verschiedene: erfahrene
Disponenten kennen den Markt und wissen, wann und
wie Sie reagieren müssen.
Ob etwa überschüssige Plätze kurzfristig an andere
Veranstalter verkauft werden können, ob Sonderpreise
die Nachfrage beleben oder der eigene Einzelplatzver-
kauf angekurbelt werden muss.

Manchmal wird eine komplette Maschine zu einer ganz
anderen Destination geschickt. Sehr unbeliebt sind da-

gegen das ersatzlose Streichen eines Fluges oder Zwischenlandungen, um weitere Passagiere aufzunehmen.

„Als Disponent muß man immer zwischen Wirtschaftlichkeit und Kundenzufriedenheit abwägen. Ein Zwischenstop kann zwar den Yield verbessern, aber einige Passagiere so verärgern, daß sie nicht wiederkommen," berichtet Dirk Dufner, langjähriger Disponent von Aero Lloyd.

Sein Tipp: Bewerben sollte sich nur, wer gerne mit Zahlen und Reservierungssystemen umgeht und verhandlungssicher Deutsch und Englisch spricht.
Wichtig seien zudem eine solide touristische Ausbildung oder mehrjährige Berufserfahrung bei Veranstaltern oder Airlines.

(Key) Account Manager Airline

„Die Schnittstelle zum Kunden"

Die Zeiten, in denen Verkäufer einer Airline regelmäßig bei Reisebüros und Firmen auftauchten und aufmunternde Worte, Flugpläne und Giveaways zurückließen, sind lange vorbei. Heute schließen Account Manager Verträge mit den wichtigsten Kunden, setzen auf Marketingpläne und sind immer auf der Pirsch nach neuen Umsatzquellen.

Getrennt wird zwischen Reisebüro- und Firmenbetreuung. Je nach Vertriebsweg gibt es unterschiedliche Vertrags- und Marketingkonzepte.
Doch immer wird genau analysiert und evaluiert. Ob Soll/Ist-Analyse, Potentialanalyse oder Selektionsmatrix; die Fragen ähneln sich: Welche Umsätze wurden bereits gemacht? Wo liegen die Potentiale? Wie kann der Umsatz/Marktanteil für die eigene Airline und die Allianzpartner gesteigert werden? Welche begleitenden Maßnahmen sind notwendig?

Um Antworten zu finden, bedienen sich Account Manager genauer Informationssysteme. Gaben früher die Umsatzlisten nur Auskunft über die eigenen Verkäufe der Vergangenheit, so kann man heute mittels MIDT(Marketing Information Data Transfer) den Blick in die Zukunft werfen. Mit dem Wissen über die Buchungen von morgen wird jeder Kunde transparent. Stark werden solche Klienten umworben, bei denen man den eigenen Umsatzanteil gegenüber dem der Konkurrenz steigern kann.

Deshalb muß ein Aussendienstler das Ohr am Markt haben. Welche Fluggesellschaft nimmt Strecken neu auf oder reduziert? Wer geht mit mehr Kapazität und Kampfpreisen in den Markt? Wie hoch sind die "Corporate Rates" auf welchen Strecken? Welche Firma expandiert und wird verstärkt fliegen? Wer kürzt den Reiseetat?

Gute Account Manager wissen solche Dinge vor der Konkurrenz und agieren, wenn andere noch im Büro sitzen. Schnelles Handeln ist vor allem mit Blick auf die Umsatzvorgaben entscheidend.

Wichtig für diesen Job ist ein ausgeprägtes analytisches Denkvermögen. Außerdem sollten Sie sich für Wirtschaftsinformationen in alten und neuen Medien interessieren, keine Angst vor Zahlen und Umsatzvorgaben kennen und auch bei schwierigen Verhandlungen einen kühlen Kopf behalten.

Ausgeprägte Kontakt- und Kommunikationsfähigkeit helfen Kundenbeziehungen aufzubauen. Teilweise wird ein Fach- oder Hochschulabschluß (z.B. Betriebswirtschaft) als Voraussetzung für diesen Job verlangt.

Zielgebiets-/Produktmanager Veranstalter

„Mission possible"

Viele träumen davon: Als Zielgebietsmanager in exotische Regionen zu reisen und dort von Hoteliers und Incomingagenturen umworben zu werden.

Doch das ist nicht die ganze Wahrheit. Denn vor allem sitzt der Produktmanager am Schreibtisch und bewährt sich als Kaufmann. Verkaufszahlen müssen analysiert und die Nachfrage sowie die Angebote der Konkurrenz beobachtet werden. Gleichzeitig gilt es, sich in Verhandlungen mit den Leistungsträgern durchzusetzen. Typisch sind der Zeitdruck bei der Katalogerstellung und die immer wiederkehrende Suche nach den - auch juristisch - richtigen Formulierungen und den passenden Bildern. Das fertige Produkt wird bei der Katalogvorstellung den Reisebüros präsentiert.
Bei einigen Veranstaltern gehören Abwicklungstätigkeiten, wie das Zusammenstellen der Reiseunterlagen, mit zum Job. Schlußendlich landen oftmals auch Probleme der Leistungsträger oder Kundenreklamationen beim Zielgebietsmanager.

Wenn es dann auf Reisen geht - ein Erholungsurlaub ist das nicht. Oftmals müssen viele Termine in kurzer Zeit unter einen Hut gebracht werden, zwischen Arbeitsfrühstück und Businessdinner jagt nicht selten ein Meeting das nächste. Schließlich will ein Zielgebietsmanager immer auf dem neuesten Stand der Entwicklungen sein und aktuelle Trends in lukrative Angebote umsetzen, bevor die Konkurrenz die Nase vorn hat.

Wer sich als Produktmanager bewirbt, sollte über eine Ausbildung als Reiseverkehrs- oder Hotelkaufmann und/oder einen Studienabschluß als Touristiker, vor allem aber über einschlägige Berufserfahrungen verfügen.

Wenn Ihnen das oben erwähnte betriebswirtschaftliche Denken und Handeln liegt, Sie in Englisch und eventuell noch einer weiteren Fremdsprache verhandlungssicher sind, haben Sie bereits einige Anforderungskriterien erfüllt.

Reiseleiter

„Der Allrounder"

Er muß alles wissen, sich 24 Stunden am Tag den Kunden widmen und dabei immer lächeln.
In Italien sollte er Archäologe sein, in Afrika etwa ein Dutzend einheimischer Sprachen verstehen und in Australien die Traumpfade der Aborigines kennen.

„Die Anforderungen der Kunden an deutsche Reiseleiter sind enorm. Wenn ein ausländischer Guide Fehler macht, ist das okay. Einem Deutschen wird das nicht verziehen", beschreibt Hans Engberding, Geschäftsführer Lernidee Reisen, seine Erfahrungen mit einem Job, der oft als Traumberuf gehandelt wird.

Es liegen jedoch sprichwörtlich Welten zwischen den Aufgaben eines Zielgebietreiseleiters in Mallorca und denen eines Studienreiseleiters in Papua Neuguinea.
In den Hochburgen des Pauschaltourismus sind gute Erreichbarkeit, Hilfestellungen beim Ausflugsprogramm und freundliche Souveränität beim Umgang mit Problemen und Reklamationen aller Art verlangt.
Akademiker müssen die Vertreter etwa von C&N, TUI, ITS oder Alltours nicht sein, wohl aber nervlich belastbar.
Ganz allgemein klingen die Anforderungsprofile an die Zielgebietsreiseleiter: Dienstleistungsbereitschaft, Aufgeschlossenheit, ein sicheres Auftreten und Sprachkenntnisse werden gewünscht.
Auch Gruppenreiseleiter bei Wander- und Erlebnisreisen brauchen organisatorische Fähigkeiten und gute Nerven.
Gleichzeitig müssen Sie auch Fachexperten sein und sollten beste Kenntnisse über Geschichte, Politik und Landeskunde ihrer Region mitbringen.

Oft wird auch eine akademische Ausbildung gefordert. Dazu kommt eine gute Portion sozialer Kompetenz, die nötig ist, um aus einer zufällig zusammengewürfelten Truppe eine möglichst homogene Gruppe zu formen. Gerd Adams, der für Wikinger Reisen Touren durch Nepal und am Kilimandscharo führt: „ Ich vermittle Wissen, stelle Hintergründe und Zusammenhänge dar, gebe Tipps, setze einen klaren organisatorischen Rahmen und kümmere mich um gute Stimmung in der Gruppe." Denn die Teilnehmer können sehr gegensätzlich sein „Vom Trendsetter bis zum Träumer reicht die Palette".

Ein einheitliches Berufsbild für Reiseleiter läßt nach wie vor auf sich warten. Obwohl der Dienst am Urlaubskunden für alle Veranstalter das Wichtigste ist, sind die Anforderungen sehr unterschiedlich.
Gewünscht wird ein kundenfreundlicher Auftritt, der zur Philosophie des Unternehmens passt. Deshalb trainieren viele Veranstalter ihre Reiseleiter selber. Oder es wird von der Konkurrenz abgeworben, um möglichst erfahrene und kompetent Profis einzusetzen.
Fast alle Veranstalter haben dabei das Problem, fähige Reiseleiter nur über einen bestimmten Zeitraum zur Verfügung zu haben. Nicht selten sehen diese den Job als Einstieg und suchen nach einem bestimmten Zeitraum den Absprung in andere Bereiche des Unternehmens.

Sehr klare Richtlinien für Bewerber hat Studiosus formuliert -und damit einen hervorragenden Ruf erlangt. Als einziger Studienreiseveranstalter Europas ließen sich die Münchner ihr System zur Aus- und Weiterbildung von Reiseleitern zertifizieren. Die Folge: Jedes Jahr bewerben sich dutzendmal soviele Interessenten, wie Plätze vorhanden sind, auch wenn das Anforderungsprofil äußerst hoch angesetzt ist:

- Abitur und abgeschlossenes oder fortgeschrittenes Studium, das in Zusammenhang mit der Tätigkeit steht
- Perfektes Englisch sowie die Sprache des vorgesehenen Zielgebietes
- Profunde Kenntnisse über das Reiseland sowie über den kulturgeschichtlichen Hintergrund der deutschen Reisegäste
- Gutes Organisationstalent
- Zeitliche Flexibilität, um innerhalb von zwei Jahren mindestens 90 Tage zur Verfügung zu stehen
- Nachweis über Erste-Hilfe-Kurs

Wer sich ganz allgemein für diesen Dienstleistungsberuf interessiert, muss jedoch nicht direkt bei den Veranstaltern anklopfen. Infos und Lehrgänge bieten etwa die Berliner Reiseleiter Akademie (030-69041550), das Team der „Zugvögel" (Telefon 030/ 7957174), der Verband der Studienreiseleiter (089-74316166), die Thomas-Morus-Akademie (02204-408472) oder Institute wie Environmental Protection Services in Bonn. Zeitliche Länge und Kosten für Seminare sind allerdings sehr unterschiedlich, ein Wochenendlehrgang ist durchaus schon einmal mit ca. 700 DM zu veranschlagen.

Sales Manager Fremdenverkehrsamt

„Der Länder-Händler"

„Wußten Sie, daß zu den Bahamas 700 Inseln gehören?"

Wenn ja, dann waren Sie entweder gerade dort oder haben an einer Schulung des Bahamas Tourist Office teilgenommen.

Denn das ist eine der Aufgaben von Fremdenverkehrsämtern: sie sollen informieren, Aufmerksamkeit wecken, Verbindungen herstellen und dafür sorgen, daß das Zielgebiet im Gespräch bleibt: bei Veranstaltern und Reisemittlern genauso wie bei der Presse und beim Endverbraucher.
Während letztere meist telefonisch beraten und per Mailing mit Material versorgt werden, wird die Touristikbranche strukturiert bearbeitet. Viele Fremdenverkehrsämter haben Sales Manager, die ausgewählte Regionen betreuen.

Wichtigste Ansprechpartner sind die Produktmanager der Veranstalter. Ziel ist es, als Destination neu in einen Katalog aufgenommen zu werden oder die Auswahl zu erweitern. Die Fremdenverkehrsämter geben Empfehlungen, stellen Kontakte zu Hoteliers und Agenturen her und unterstützen Veranstalter und Reisebüros bei Marketingaktionen.
Typisch sind Kooperationsanzeigen, Promotions, Agentenschulungen und das Bereitstellen von Schaufensterdekorationen. Beliebt sind Famtrips, bei denen zusammen mit Leistungsträgern ausgesuchte Reisebüroagenten eingeladen werden, das Zielgebiet hautnah kennen-

zulernen. Hinzu kommt die Teilnahme an Messen und Ausstellungen.

Susann Beeh, District Sales Manager beim Bahamas Tourist Office in Frankfurt, betont, daß Reisefreudigkeit und Flexibilität wichtige Voraussetzungen für diesen vielseitigen Job sind.

„Ich bin bis zu 50 Prozent der Arbeitszeit unterwegs, in Deutschland und Europa. Hier spielt sich der Berufsalltag ab - nicht auf den Bahamas. Dort bin ich 2-3mal im Jahr."

Für den Job würden oft ein Studienabschluß, gute Sprachkenntnisse und Erfahrungen in der Branche, besonders im Außendienst, gefordert.

Projektleitung Ferienanlagen

„Der Ferienmacher"

Club- und All-Inclusive-Urlaub boomen. Für Touristikunternehmen ist es lukrativ Anlagen zu betreiben und ihren Kunden neue Ziele anzubieten.
Zentralperson bei Neubauvorhaben ist der Projektleiter: er ist Ansprechpartner für alle Beteiligten und sorgt dafür, daß die Anlagen den Standards und der Philosophie des Veranstalters entsprechen.

Bis der erste Gast eintrifft, ist viel zu tun. Zuerst sichtet der Projektmanager zusammen mit dem Architekten das Grundstück. Danach geht er mit allen Fachbereichen ihre Anforderungen durch: ist genügend Platz für Sport, Wassersport, Wellness, Unterhaltung und den Kinderbereich eingeplant und vorhanden? Wie sind die Möglichkeiten für Küchen und Restaurants, die Anbindung an den Flughafen und können Lebensmittel und Baumaterial vor Ort beschafft werden? Wird das Projekt vom jeweiligen Land genehmigt?
Alle diese Daten gehen in die Marketingabteilung zur Berechnung von Auslastung und Reisepreis. Und ins Controlling. Dort werden das Projektbudget und die Rentabilitätsstudie erstellt. Viele Vorhaben scheitern in dieser Phase. Sind alle Ergebnisse positiv, beginnen Verhandlungen mit möglichen Investoren.

Der Projektleiter ist immer mit dabei, als Vertreter des eigenen Unternehmens, als Bindeglied zur Geschäftsleitung und als Ansprechpartner für Geldgeber.
Sobald Klarheit über Finanzierung, Beteiligungen und Pacht besteht, beginnt die Bauphase. Gleichzeitig geht der Projektleiter in die Feinplanung. Zusammen mit den Fachabteilungen erstellt er detaillierte Bedarfs- und

Materiallisten: F&B braucht 3000 Gabeln, 2000 Brotmesser...

Ab Baubeginn ist der Projektleiter alle 14 Tage zum Baustellenmeeting und ab 3-4 Monate vor der geplanten Eröffnung permanent vor Ort.

Die Anforderungen an den Projektleiter sind vielfältig: er sollte etwas von Architektur, Betriebswirtschaft und Ingenieurwesen verstehen, vor allem aber im Hotelfach zu Hause sein.

Elvira Banck, langjährige Projektleiterin für Aldiana Ferienanlagen bei C&N Touristik, sieht neben Organisations- und Kommunikationsfähigkeit besonders Durchsetzungsvermögen und Flexibilität als unerlässlich, um in diesem Job erfolgreich zu sein.

„Es ist faszinierend, etwas Neues aufzubauen. Die Herausforderung dabei ist, deutsche Qualitätsstandards im jeweiligen Zielgebiet umzusetzen und die Balance zwischen Kosten- und Zeitvorgaben zu halten."

Denn bezahlt wird nach Erfolg, der an Einhaltung von Budget und Eröffnungstermin gemessen wird.

Repräsentanz internationale Hotelketten

„Der Bettenverkäufer"

Sie sind Fan von Down Under, Neuseeland und dem Südpazifik? Dann sind Ihnen bestimmt die Flag-Choice-Hotels ein Begriff. Die Drei- bis Fünf-Sterne-Häuser gehören zu einer internationalen Hotelkette, die besonders stark in dieser Region vertreten ist und seit Jahren über eine eigene Vertretung in Frankfurt verfügt.

Damit ist Flag Choice keine Ausnahme: Europa und speziell Deutschland sind wichtige Märkte für alle international agierenden Hotelketten.

Persönliche Kontakte vor Ort sind wichtig, berichtet Angie Heinkel, die als Geschäftsführerin der Flag-Choice-Niederlassung in Frankfurt für ganz Kontinentaleuropa zuständig ist.
Ihre Aufgaben ähneln ein wenig denen der Fremdenverkehrsämter: der Ausbau der Zusammenarbeit mit Veranstaltern und auf die Region spezialisierten Reisebüros. Denn letztlich geht es um mehr Geschäft aus den jeweiligen Quellmärkten.

Eine grosse Rolle spielt die Verkaufsförderung durch Roadshows, Workshops und Seminare. Solche Veranstaltungen werden oft gemeinsam mit Reiseveranstaltern, Fremdenverkehrsämtern und Airlines durchgeführt, um Besuchern einen umfassenden Info-Pool zu bieten. Ebenso wichtig ist die Teilnahme an Messen - nicht nur in Deutschland, sondern im gesamten Verkaufsgebiet.

Mit dem jeweiligen Headquarter stehen die Vertretungen im engen Kontakt, "was jedoch nicht heißt, daß ich ständig in Australien bin", schränkt Heinkel ein. Wichtig in

ihrem Job sei die Bereitschaft zu flexibler Zeiteinteilung.
Bedingt durch die Zeitverschiebungen wird manches
Telefongespräch zu später Stunde geführt. Und Veranstaltungen und Messen finden oft an Wochenenden
statt.
Für wichtige Strategie- und Verkaufsmeetings trifft sich
das Management in Frankfurt, London oder Down Under.

Voraussetzungen für diese Tätigkeit sind meistens eine
Hotelfachausbildung, gute Sprachkenntnisse und solider
Marketingbackground. "Auch Interesse am allgemeinen
Wirtschaftsgeschehen, an neuen Medien und Reisefreu-
digkeit gehören dazu", empfiehlt die Flag-Choice-
Vertreterin, die an ihrer Position vor allem die Eigenver-
antwortung und Entscheidungsfreiheit schätzt.
Weiterer Pluspunkt: "Es macht sehr viel Spaß, mit Au-
straliern und Neuseeländern zu arbeiten."

Projektdirektor
Touristische Unternehmensberatung

„Der Analyst"

Schon mal was von Qatar oder dem Oman gehört? Das könnte sich bald ändern. Denn beide Länder lassen derzeit touristische Masterpläne erarbeiten, um den Fremdenverkehr als Wirtschaftszweig anzukurbeln.

Wichtigster Partner bei einem solchen Vorhaben sind touristische Unternehmensberatungen. Sie sind auf die Planung, den Aufbau und die Durchführung touristischer Projekte spezialisiert, rühren die Werbe- und PR-Trommel und schaffen erste Kontakte zu Reiseveranstaltern in Quellmärkten.

„Ziel der Master-Pläne ist", so Reinhard Zimmermann, Project Dircetor bei GATO (Tourism Organisation for Development and Investment), „das jeweilige Land im touristischen Wettbewerb optimal zu positionieren und mit marktfähigen Konzepten den Tourismus zu steigern." Dabei gehe man mit den klassischen Werkzeugen der Unternehmensberater vor - von einer grundlegenden Analyse bis zur Erfolgskontrolle.
„Zunächst sammelt das Team alle touristisch relevanten Informationen über das Land", beschreibt Zimmermann die Vielseitigkeit seines Jobs.

So müssen etwa die Prognosen der WTO (World Tourism Organisation) analysiert und mit einer genauen Recherche vor Ort oder und mit Aussagen der Veranstalter ergänzt werden.
Anschließend werden Stärken und Schwächen, Möglichkeiten und Gefahren für die Destination aufgezeigt. Ist das sogenannte Profil eines Landes erstellt, setzten

die Berater Schwerpunkte. Sie zeigen Massnahmen zur Durchführung auf und begleiten und unterstützen diese.

„Die abschliessende Erfolgskontrolle zeigt, inwieweit die Ergebnisse mit den Plänen übereinstimmen", so der GATO Experte. Ihn motiviert, daß sein Job jeden Tag eine neue Herausforderung bereit hält. Mobilität ist dabei selbstverständlich. „ In dieser Branche ist ein unruhiger Arbeits- und Lebensrhythmus normal".

Seine Empfehlung: wer sich für eine solche Tätigkeit interessiert, sollte neben einem Wirtschaftsstudium und Sprachkenntnissen besonders analytisches Denkvermögen, Belastbarkeit und Freude am Umgang mit unterschiedlichen Menschen und Kulturen mitbringen. Hilfreich sind auch einschlägige Berufserfahrungen, etwa in Hotels, bei Reiseveranstaltern, Airlines oder speziell in Projektarbeit.

Teil 4

Online-Jobbörsen
für die Tourismusbranche

Neben einer Vielzahl von allgemeinen Jobbörsen im Internet, finden sich mittlerweile einige wenige, die sich ausschließlich mit Berufen in der Tourismusbranche befassen.
In der Regel können Sie dort nicht nur interessante Angebote finden, sondern auch direkt Ihr Gesuch einstellen beziehungsweise online und formulargeführt Ihre Bewerbung zu einem der dort ausgeschriebenen Angebote abgeben.

CONCEPT +®
Personalberatung und Projektmanagement
für Tourismus und Industrie
www.conceptplus.de

Schwerpunkt:
Expedienten, Verkaufsmitarbeiter, Marketingmitarbeiter, Produkt- und Projektmanager, Führungspersonal, ausschließlich Tourismus.

staffgate
www.staffgate.de

Schwerpunkt:
Fach- und Führungskräfte des mittleren und oberen Managements aller Dienstleistungsbranchen, sowie von Vertriebsmitarbeitern.

Travel-Job
www.travel-job.de

Schwerpunkt:
Fachpersonal aus Gastronomie und Tourismus.

FVW
Fremdenverkehrswirtschaft International
www.fvw.de

Schwerpunkt:
Die größte deutsche Fachzeitschrift für die Tourismusin-
dustrie bildet auf ihrer Internetseite die Stellenanzeigen
ab, die zuvor in der Printversion erschienen sind

(Stand Drucklegung)

Anhang

Autor

Burkhard Lahr

Jahrgang 1960

Inhaber des
Beratungsunternehmens

CONCEPT +®
Personalberatung und
Projektmanagement für
Tourismus und Industrie

in Frankfurt am Main

Autor der Rubrik Top-Job für die touristische
Fachzeitschrift „touristik aktuell"

Reiseverkehrskaufmann

Diverse freie Projekttätigkeiten für
Unternehmen der Reiseindustrie

Senior Sales Representative
einer renommierten asiatischen Fluggesellschaft

Leiter Marketing und Vertrieb
Paketreiseveranstalter

Leiter Marketing und Vertrieb
Personaldienstleister Messe und Promotion

National Key Account Manager Business Travel
deutsche Reisebürokette

Dank

Mein besonderer Dank gilt Angelika Gürtler-Spieker, die in mühevoller Kleinarbeit die Berufsbilder recherchierte und ihnen durch Ihre Kontakte zu den zitierten Kollegen den nötigen Praxisbezug gegeben hat.

Weiterhin möchte ich mich bei K. H. E. O. Görike für das Lektorat bedanken.

Quellen und Recherchehinweise

World Wide Web:

www.conceptplus.de

www.focus.de

www.handelsblatt.de

www.karrieredirekt.jobline.org

Notizen